超訳 猫が教えてくれた明日を生きる勇気の言葉

本書を、私に愛情と穏やかな日々を教えてくれる18匹の猫に捧げる。

心穏やかに生きる

安心を得るために

いろいろと心配することがいやなら、
気にかかることには最初から自分で取り組んでしまうのが
ベストな方法さ。
要するに、問題があっても逃げたりしないこと。
いったん逃げたら、それが雪だるま式に心配事になってしまうよ。

――デ・メロ『東も西も・無について』

逃げないで
なすがままも
いいんじゃない？

不安がないのは
猫くらいかもね

不安は自分を生かす

不安があったって、それはふつうのこと。
ちっとも不幸なんかじゃない。
その不安が刺《し》戟《げき》になって、ぼくらは活動できるのだから。

——マルセル『人間、この問われるもの』

自分がほがらかでいれば
相手も心地いいはずさ

ほがらかに生きる

自分の心を明るくさせていよう。
ほがらかでいよう。
仕事や生活で会う人たちの長所を大きめに見よう。
すると、ふだんの気持がまったく変わってくるよ。

――アウレリウス『自省録』

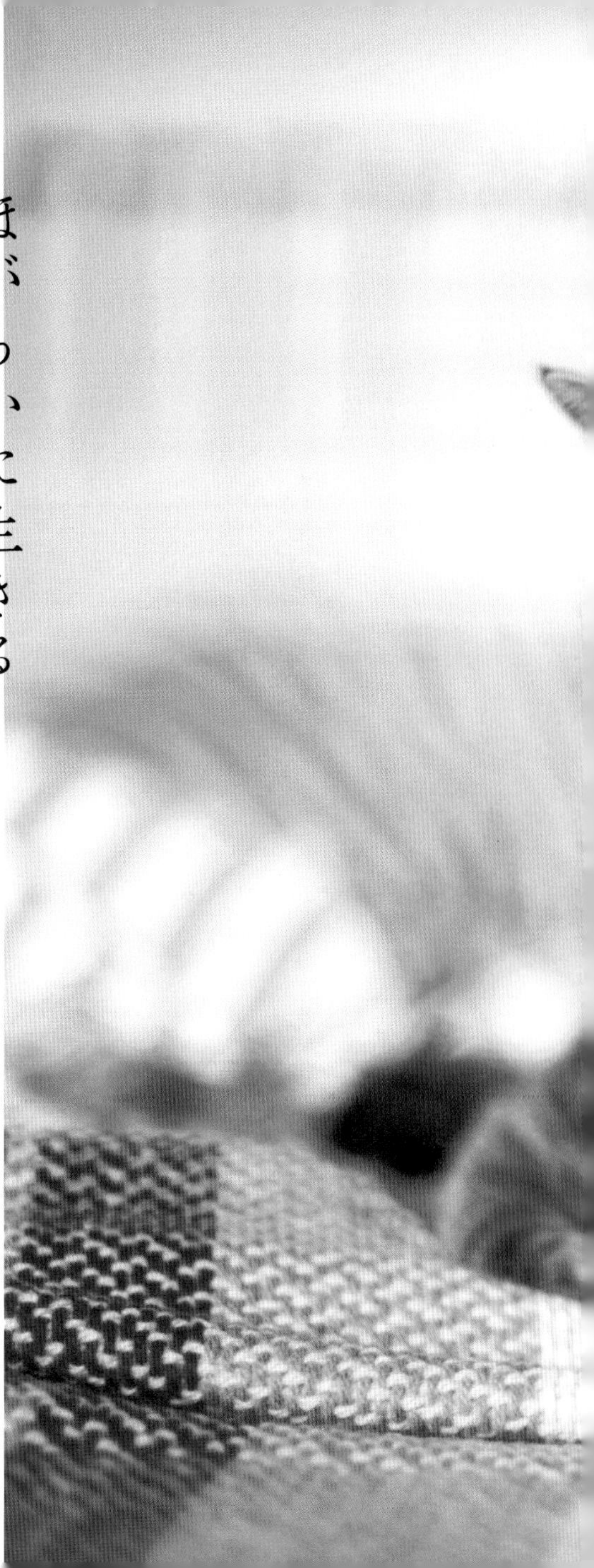

怒られちゃう
かな……

不安の正体

不安の正体なんて、ぼくたちのくだらない想像さ。
だから、なんにもしないで想像ばかりしていると、
すべてが不安になっちまう。

——エピクテトス『要録』

想像が自分の心を左右する

心が揺れて落ち着かないのは、
ずっと想像ばかりしているせいさ。
しかも、悪い想像ばかりくり返してこわがっている。
そんなことはもうやめて、
楽しい想像をして気分よくなることもできるんだよ。

――パスカル『パンセ』

あのときのサンマは
おいしかったニャー

ぼくが百獣の王
だったら……!?

「たら、れば」想像を追放する

なんでもかんでも、「たら、れば」で想像を始めたら、
ほとんどのことが失敗、不運になっちゃうじゃないか。

――ヴィトゲンシュタイン『哲学宗教日記』

智恵は日常を平穏にする

急に怒ったり、叫んだり、
不満をぶちまけるというのは智恵がない証拠さ。
ちょっとした智恵があれば、
その智恵を使っていろいろとくふうできるものさ。

――ニーチェ『人間的、あまりに人間的』

なんで吠えてるの？

ウツから脱する

自分についてあれこれと考えるから
暗くなるんだ。
考えずに仕事をしよう。
自分を忘れるほどに。
そして周りの人たちを理解して認め、
笑顔を向けよう。
――ヘッセ『シッダールタ』

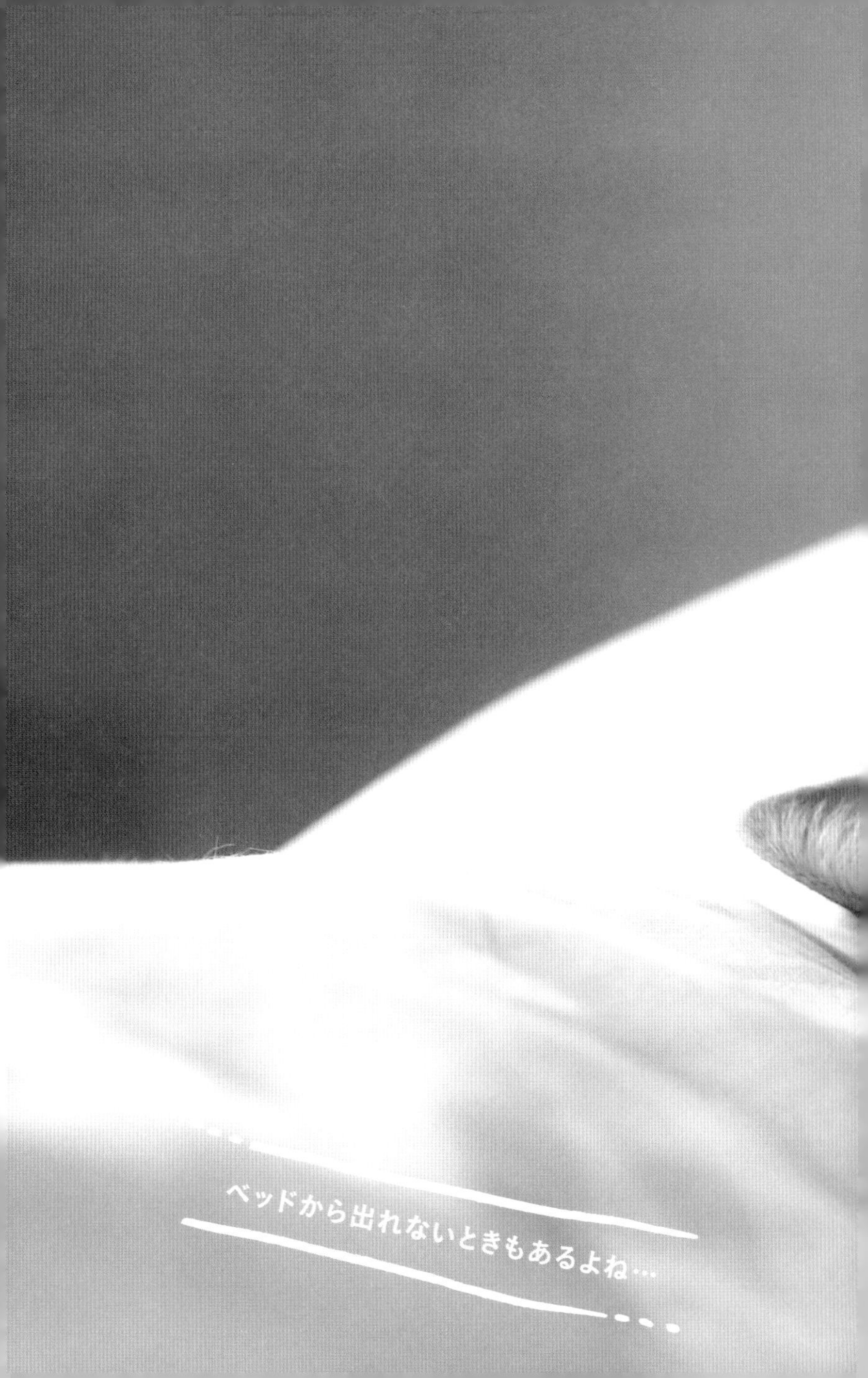
ベッドから出れないときもあるよね…

決めつけからの解放

これはこうでなければならない、
なんて決めるのはもうやめよう。
どんな決めつけだって、
上下、不平等、不自由、差別を生むのだから。

――ボーヴォワール『第二の性』

猫とヒト、なにがちがうの？

がまん、
がまん…

世界を変える方法

世界を変えるのは簡単さ。
自分を変えればいいんだ。
新しい自分として行動するんだ。
これが、暴力を使わずに世界を変える方法さ。

——ヘッセ『ヘルマン・ヘッセ書簡全集』

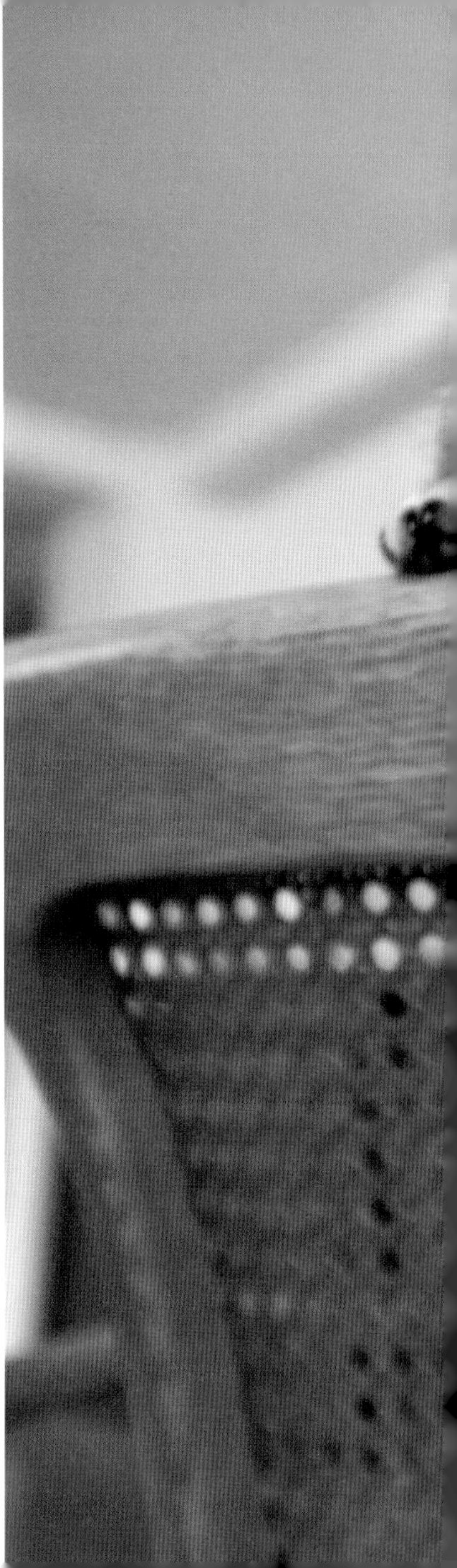

職業はたんなる一つの機会

自分に合った職業を選ぼうとしているみたいだね。
でもさ、本当はどの職業でもいいんだよ。
きみがどう働くか、それだけが問題だし、
その働き方が意味と満足を生むのだから。

——フランクル『死と愛』

例えば猫といっしょに働くとかね？

最大の欲望

自分のプライドのために
ミエを張るのはもうやめよう。
ミエを張る限り、みじめなものさ。
ミエは自分自身についての
最大で最悪の欲望だからね。

――ショーペンハウアー『存在と苦悩』

ライオンになりたいなんて
思ったことはないよ。

根拠のない価値観

物についても、人についても、
ランクづけするのはくだらないことさ。
だってランキングの根拠は、
自分の好みとくだらない自尊感情なんだから。

――ブルデュー『ディスタンクシオン』

猫に教えられた人物――①

ヘルマン・ヘッセ

Hermann Karl Hesse

ヘルマン・ヘッセ（1899 ～ 1961）はスイスの詩人。小説『車輪の下』『デミアン』『ガラス玉演戯』なども有名。独学によって才能を鍛え、広く、深い人生を送った。水彩画も描いた。ゲーテ賞、ノーベル文学賞を受賞。ヘッセと猫が遊んでいる多くの写真が残されている。Hermann Hesse in der Casa Rossa

わがままに生きる

そばにいたからって
犯人じゃないよ

それは原因と結果とは呼べない

みんな、とっても簡単に原因と結果を決めつけるけれど、
だいたいはまちがいだよ。
だって、近くにあるものを原因だとか、
何か起きたあとの状態を
単純に結果だと決めつけてるだけなんだもの。

——ヒューム『人性論』

お魚食べたい！

人を動かすものとは

人間を本当に動かしているのは何だと思う？
理念？　理性？　意志？　おカネ？
アハハ、　ちがうよ！
そのときに出てきた強い感情だよ。

――マンデヴィル『蜂の寓話』

いっしょに寝ようよ〜

働きすぎから逃げよう

働くほどにふくらむのは経営者のふところだけさ。
働くのはたいせつだけど、自分の人生はもっとたいせつなはずじゃないか。
だから、一日に必要な分だけ働いたら、あとは自分なりに勉強したり、
好きなことでゆっくり遊ぼう。
それが、自分の人生を自分の手でつかむこと。

――ラッセル『怠惰への讃歌』

さてと、
ぼくはどこで寝ようかな？

民主主義に依存するな

民主主義は、他の人と同じ顔と頭になることじゃない。
きみはきみだけの顔を持つべきだよ。
そして、きみだけの生活、きみだけの人生も。

――オルテガ『大衆の反逆』

いちいち心配
なんかしてたら、
日向ぼっこも
できやしない

心配事はあたりまえのこと

気にかかることをほっとけば、結局はあとで心配事になってしまうよ。
だから、気にかかることもふつうの用事の一つとして、
そのつど処理すればいいのさ。
いろいろな変化が現れるだろうけど、
いちいちこわがっても仕方がないんだ。
自分の体調だって天気だってしょっちゅう変わるのだから。

——ヴィトゲンシュタイン『反哲学的断章』

後悔の理由

後悔？　後悔は、何かやったあとになって出てくるものだよね。
なぜそうなのか、理由は簡単さ。
何かをやったことで、自分の考え方がすっかり変わってしまうからさ。

——ショーペンハウアー『意志と表象としての世界』

後悔なんて
知らないよっ！

鼻先を合わせたら
「友」のあかしさ！

真の友を見つけよう

きみが独りで自分の部屋の中にいるときのようにしていても、
きみを否定なんかせず、全面的に受け入れてくれる人こそ「友」なんだよ。
そして、きみがその人の中に「真の人間」がいるのを見ることができるなら、
その人は「真の友」なんだ。

——**ボナール『友情論』**

自由が豊かさを生む

国の役割はだれかを縛ることではなく、自由を与えることさ。
だから、まともな国ならば、だれの自由も、だれかの個性も、
無理に方向づけたり、抑えたりしない。
そんな国より力のある世論も、
だれかの自由にあれこれ文句をつけたりしないでほしいな。

――ミル『自由論』

今日も自由猫さ

朝日があたたかいな〜

新しい自分になれ

自分について考えるのは、幻想を見るのと同じこと。
世界について期待するのも、同じ幻想の一つさ。
だから、幻想を棄てよう。事実だけに向き合おう。
その瞬間から、新しい自分が生まれるんだ。

――フロム『生きるということ』

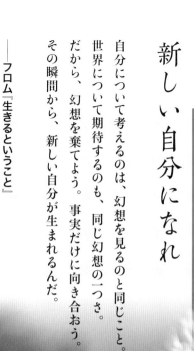

猫に教えられた人物――②

ジャン＝ポール・サルトル

Jean-Paul Charles Aymard Sartre

ジャン＝ポール・サルトル（1905 ～ 1980）はフランスの小説家、劇作家。自分が提唱する独特な哲学を実存主義と名づけ、1960 年代に一大ブームを巻き起こした。愛猫家としても知られた。ノーベル文学賞に選ばれたが辞退。第二次世界大戦後当時の若者に人気があり、葬式には５万人が参列した。

動き続ける

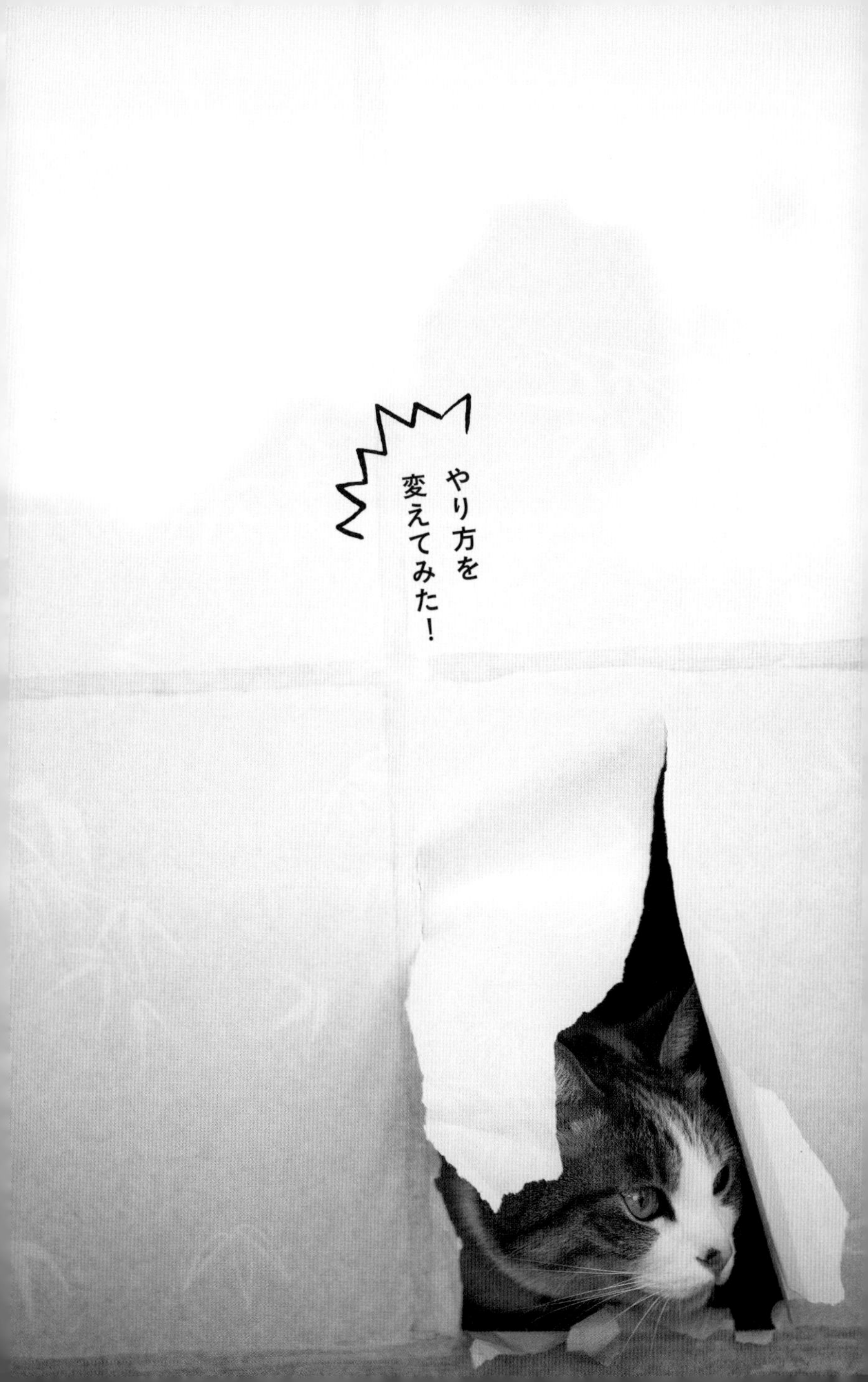
やり方を変えてみた！

想像力の使い方

現実から逃げるためにだけ、
想像力を使っちゃいけないな。
困難を乗り越えるため、
問題を解決するために、想像力を使うんだ。
すると、たくさんの救いの道が見えてくる。

――フロム『生きるということ』

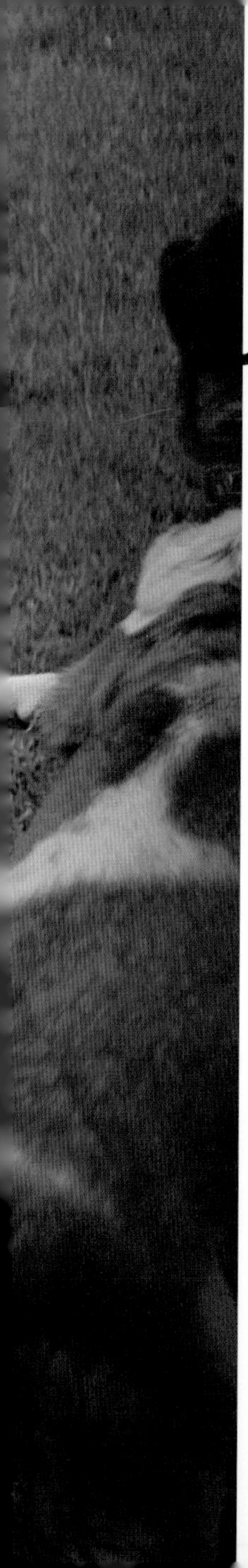

真の勇気があるならば

肩を上げ、鼻息を荒くしているのは
いかにも勇敢に見えるけれども、本当は臆病なのさ。
本当に勇敢な人というのは、すごく静かだ。
そして、たんたんと、慎重に物事をかたづけるんだ。

——アラン『定義集』

真のスキルは体に備わる

何かを手がけるなら、適当にやらずに、
とことん没頭しようよ。
すると、自分の頭ではなく、
自分の体が特別なスキルを獲得するようになるわけさ。
体に備わったそのスキルは
いつだって自分を救ってくれるものなんだ。

――ポラニー『暗黙知』

頭で考えるより
体を動かそう！

思い切って飛んでみよう！

決断の大切さ

いつまで計算しているの？
確証や保証が与えられるのをずっと待ってる？
だから、決断を延ばしのばしにしているって？
そんなのは、出かけると言いながら、
その場で足踏みしているのと同じだよ。

――デ・メロ『沈黙の泉』

真理の場所

真理の言葉なんて、
どこを探したって見つかるわけがない。
だって、真理は、
自分が体験するもののことなんだから。

——ヘッセ『ガラス玉遊戯』

毎日が
冒険と体験さ！

運は自分で
引き寄せるものさ!

運の悪さの原因

運が悪かった？
じゃ、それは、自分が何もしなかったということの結果だね。
何もしなきゃ何も手に入らないのは、あたりまえのことさ。

——アラン『幸福論』

成功まで、あと一手！

耐えて生き続けよ

自分のことばっかり考えているから、
人生はいいことばかりではないと思うのさ。
ただ、さまざまなことがランダムに起きているだけ。
それだけのことなのに、自分にとってつごうよいこと、つごうの悪いことと
勝手に価値づけているだけなのさ。
そうして全部ひっくるめて人生は色とりどりに輝いているんだ。

——ヘッセ『ヘルマン・ヘッセ書簡全集』

脇目もふらずに
大ジャンプ！

なしとげる方法

一心不乱。
これだけが、すべて物事をなしとげるときのコツだよ。
つまり、手がけることと自分の境い目が
わからなくなるほどに集中すること。
そうすれば成功するよ！

――無門慧開編『無門関』

生きることは冒険だ

きょうは、きのうとは全然ちがう世界だよ。
きょうはきょうなりに危険だし、
新しい問題だって出てくる。
その一つひとつをなんとか乗り越えていくのが
生きるということさ。

――デューイ『カントと哲学の方法』

雨が降る日
だってあるさ

猫に教えられた人物――③

ジャック・デリダ

Jacques Derrida

ジャック・デリダ（1930～2004）は20世紀フランスの有名な現代思想哲学者で、著書『声と現象』が有名。猫と暮らし、猫の反応をつぶさに観察して、そこから多くの哲学的洞察を得た。デリダは「差異」についての哲学を追求し続け、差別のない世界を目指した。

自分の道を歩む

ぼくが歩いた道に
肉球スタンプが残るのさ

自分の道

自分が歩き出した道が自分の道さ。
どのくらい遠いか、どんなに急な坂が待っているか、わかるわけもない。
でも、自分の道だから自分で歩いて行くんだ。

――ニーチェ『悦ばしき知識』

新しい自分の道

自分の道を見つけ、
その道を行くのは新しい自分だ。
歩くほどに自分は新しくなる。
もう、かつての仲間に好かれることはなくなる。
それでも自分の選んだ道が、これなんだ。

——エピクテトス『語録』

少しのスキマさえあれば
通れるよ！

勇気を持つ

ちょっとおじけづいただけで、多くのことが満足にできなくなってしまう。
だから、びくつく心を棄てよう。挑もう。
勇気が大きいほど可能性は大きく広がり、なんとか生きていくことができるのさ。

——ヴィトゲンシュタイン『反哲学的断章』

行けるかな…？

きょうのゴハンは、
見つけるまで
探すまでさ！

成功の秘訣

上手にやろうと思っちゃいけない。
絶対にあきらめず、いつもねばり強く、
そして必ずやりとげること。

――ゲーテ『箴言と省察』

本当の自分を生きる

きみのその楽しみ、趣味、お酒、人づきあい、そして仕事……。
ひょっとして、自分の本当の人生から
目をそむけるための理由にしていない？

——トルストイ『戦争と平和』

自分らしいって
気持ちいいい〜

あせらない勇気

あせっても、結果が早くやってくるわけじゃない。
だから、勝手な想像から生まれた期待なんか
最初から持たないこと。
必要なものはたった二つ。
つまり、しっかりした準備と忍耐だけ。

——アラン『定義集』

チャンスをつかむ人

運を待つよりも、チャンスを呼びこむほうがずっと簡単。
だから、チャンスに好かれる人になろう。
それは、一度はめげてもすぐに元気をとりもどして、
ほがらかな人、素直で、正直で、
どんなときでも楽しめる人。
そしたら道が開けるよ。

——ゲーテ『文学論』

いつだって目覚めたらご機嫌さ！

きみもジャンプしてみない?

ジャンプしよう!

地道に一歩ずつ考えてもダメなときがあるよね。
そんなときは、自由にジャンプできる考え方をするのさ。
とにかく何でも利用してやろうという冒険的な考え方をするんだ。

——ライル『思考について』

これじゃダメかな…

意志を貫く

病気やケガは自分がしたいことを妨害するよね。
でも、自分の意志までは妨害できないんだ。
だから、これまでとはちがう別の方法で
自分のしたいことをやればいいんだ。

――エピクテトス『要録』

自分自身を認める

他の人を見て、
ああいうふうにならなきゃと
思うこともあるだろう。
でも、自分はこういうふうだから、
たった一人の自分なんだ。
だからこそ、
自分の道があるんじゃないか。

――ヘッセ『ヘルマン・ヘッセ書簡全集』

ぼくはこの道が好きなんだ

悩む意味

悩みがあるのは不幸でもないし、悩むことは罰でもないよ。
悩むことで、今まで気づかなかったものに意味と価値があることが
やっとわかるんだから。
だから今は、しっかりと悩めばいいのさ。

——フランクル『苦悩の存在論』

猫はいつも勝負師さ！

人生のギャンブル

良く生きてみる、
というギャンブルをやってみないか？
もし誰かにほめられなくたって、
良く生きたことは、
結局は自分の勝ちになるんだから。

——パスカル『パンセ』

東東東南南南

みんな違って、みんないい猫

才能も短所も世界の調和

みんな、それぞれに何かの才能があるし、
それぞれに短所があって、みんなちがっている。
けれども、そのことが、
世界の調和と呼ばれるものなんだ。

――ヘッセ『ヘルマン・ヘッセ書簡全集』

猫に教えられた人物――④

アルベルト・シュヴァイツァー

Albert Schweitzer

アルベルト・シュヴァイツァー（1875〜1965）はドイツ系フランス人のヒューマニスト。アフリカの国ガボンのランバレネで医療活動をし、「密林の聖者」とまで呼ばれた。ノーベル平和賞を受賞。人がみじめさから抜け出すには二つの手助けがあり、それは猫と音楽であるとした。

喜びある人生

変わっていくから
美しいのかな

変化こそ喜び

何もかも変わってゆくのさ。
それは、新しく生まれ変わっていくということ。
それをすなおに喜ぶ自分に変わろう。

——アウレリウス『自省録』

ここが僕の特等席さ!

最上の快楽の境地

最上の快楽は日向ぼっこかも。
だって、心も気持ちも消えさって、
ただ、どこまでも満たされているだけなのだから。
――エピクロス『教説と手紙』

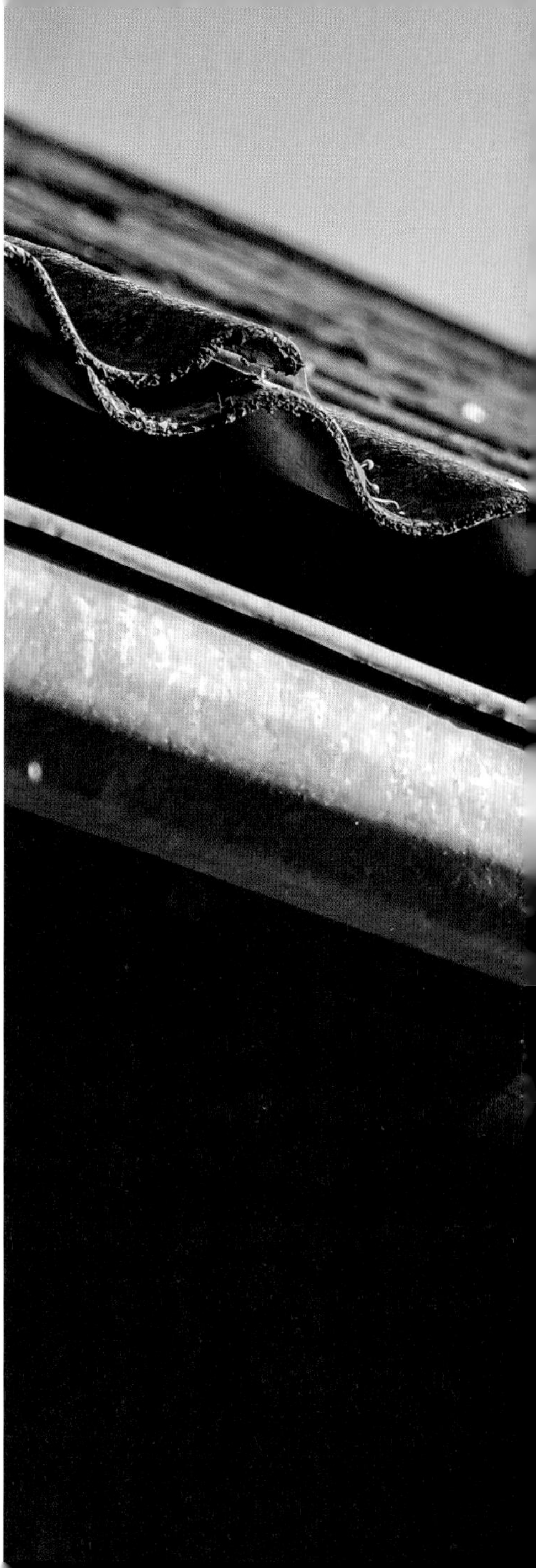

抱っこが気持ちいいのは
なんでかな？

今はわからなくてもOK

わかろうとしさえすれば、なんでもかんでもわかるわけじゃない。
生活経験がないとわからないものもたくさんあるんだ。
だから、ちゃんと生活していくんだ。

――ヴィトゲンシュタイン『哲学的文法Ｉ』

本当に楽しいこと

本当に楽しいことというのは、
ゆかいなものを見たり聞いたりすることじゃない。
自分が手がけ、泣き笑いしながらも、
なんとか努力して最後までやりとげていくことさ。

——ラッセル『幸福論』

豊かさはここに

物をたくさん増やしても、自分が豊かだとは感じないよ。
何も気にせず、
ゆったりと自分自身でいるときがリアルな豊かさそのものさ。
それは、誰にも奪うことができないよ。

――エピクロス『教説と手紙』

陽だまりは
いいニャー

ひとつも
ムダなことは
ないよ

体験こそ宝

自分が持つ宝というのは、
自分のこれまでのすべての体験のことだよ。
その体験の数々が今の自分をつくってきたんだ。
だから、それがいちばん貴重な宝なんだよ。

――ゲーテ『箴言と省察』

僕はいつでも幸せ～

幸福や苦悩を決めるのは

大きな幸福とか小さな幸福とかいうけど、それはどうやって決めるの？
小さなことに悩むこともあるし、つらくても笑っていられることもある。
だから、快感や悩みを決めているのは、
ぼくたちの性格やそのときの気分なんだよ。
つまり、本当は何もないのに、じたばたしているってことさ。

——ショーペンハウアー『存在と苦悩』

猫に教えられた人物――⑤

アーネスト・ヘミングウェイ

Ernest Miller Hemingway

アーネスト・ヘミングウェイ（1899～1961）はアメリカの小説家。『武器よさらば』『老人と海』などが有名。ノーベル文学賞を受賞。キューバの家には50匹の猫がおり、ヘミングウェイは自身を猫王国の王と称し、猫には絶対的な正直さがあると書いた。ヘミングウェイが飼っていた猫に六本指の猫がおり、現在でもその血統を受け継ぐ六本指の猫たちがキューバにあるヘミングウェイの家で暮らしている。

愛を生きる

毛糸玉大好き♡

自愛の人こそきげんがいい

ボール遊びがおもしろいんじゃないよ。
遊んでいる自分がおもしろいんだよ。
何かにかまっている自分に
おもしろさを感じてるのさ。
なぜかって、その間は自分を
たっぷり愛していられるからなんだ。

——ニーチェ『人間的、あまりに人間的』

愛の定義

仲間として認めないこと。それが軽蔑。
仲間に入れ、気づかうこと。それが愛。

——アラン『定義集』

愛のために

自分で自分をごまかしちゃいけないし、自分に嘘をついてもいけない。
自分に正直になり、自分自身を愛そう。
そうしないと、愛がわからなくなってしまうよ。
おまけに、自分が誰かから愛されていることさえも
わからなくなってしまうのさ。

――ニーチェ『曙光』

ぼくらは、愛がある人を
ちゃんと見分けられるよ

世界を変える

世界を変える方法を知ってるよ。
自分に嘘をつかないこと。いつも見つめ、愛すること。
それだけで、世界は親しいものになるんだ。
——ブーバー『我と汝』

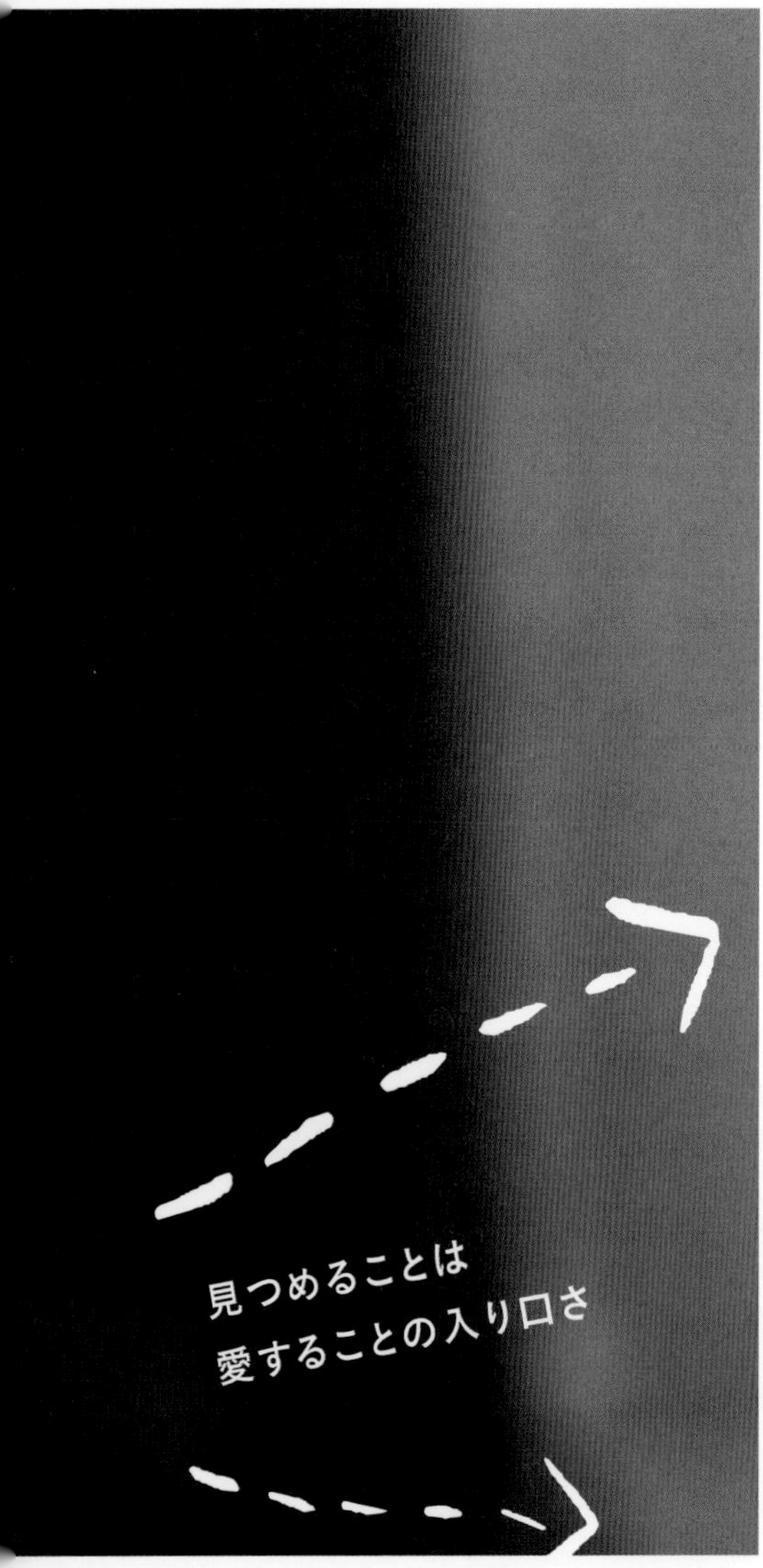

なめあうことが、
愛のあかし

愛すること以外に愛はない

愛なんて言葉はイラナイ。
愛するという行為だけが本物の愛。

――フロム『生きるということ』

迷いとあやまち

いっぱしの顔をしているくせに、まちがいや失敗ばかり。
でもそれは、愛される資格があるということだね。

――ゲーテ『箴言と省察』

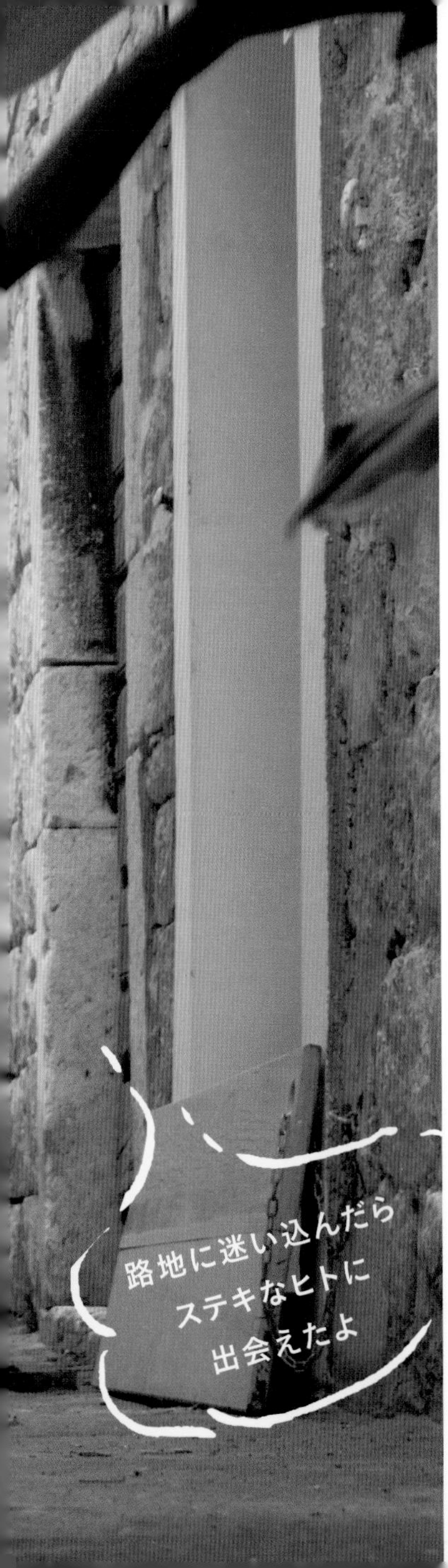
路地に迷い込んだら
ステキなヒトに
出会えたよ

だから
安心なんだニャー

愛の証拠

それが愛なら、資格も、条件も、ランキングもない。
陽の光や雨や風みたいなもの。
自然に、ただふりそそがれる。

――エックハルト『神の慰めの書』

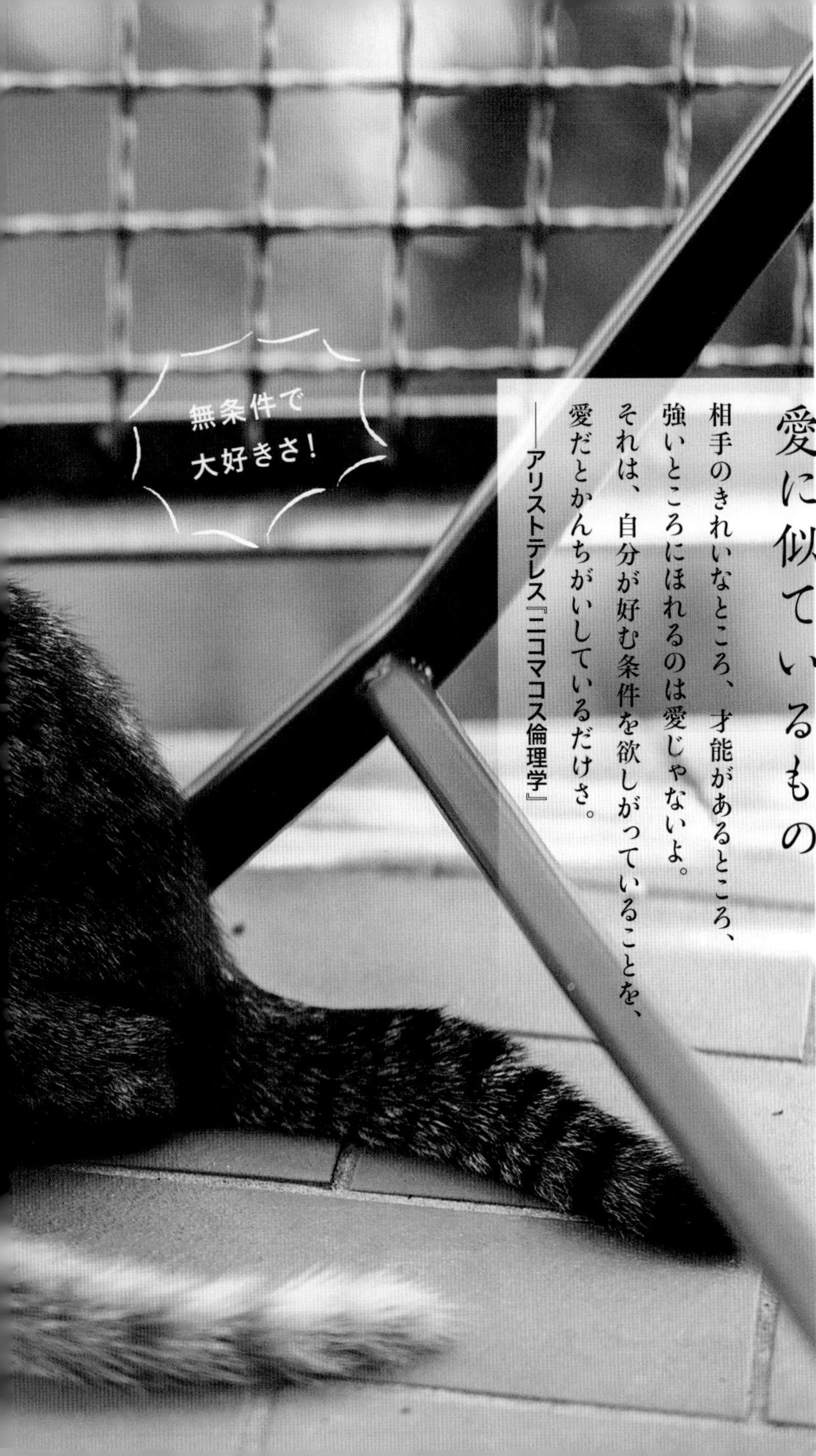

愛に似ているもの

相手のきれいなところ、才能があるところ、
強いところにほれるのは愛じゃないよ。
それは、自分が好む条件を欲しがっていることを、
愛だとかんちがいしているだけさ。

——アリストテレス『ニコマコス倫理学』

快楽の生き方こそ幸福

愛されたい？
簡単だよ！
自分から愛情を与えればＯＫさ。
――ラッセル『幸福論』

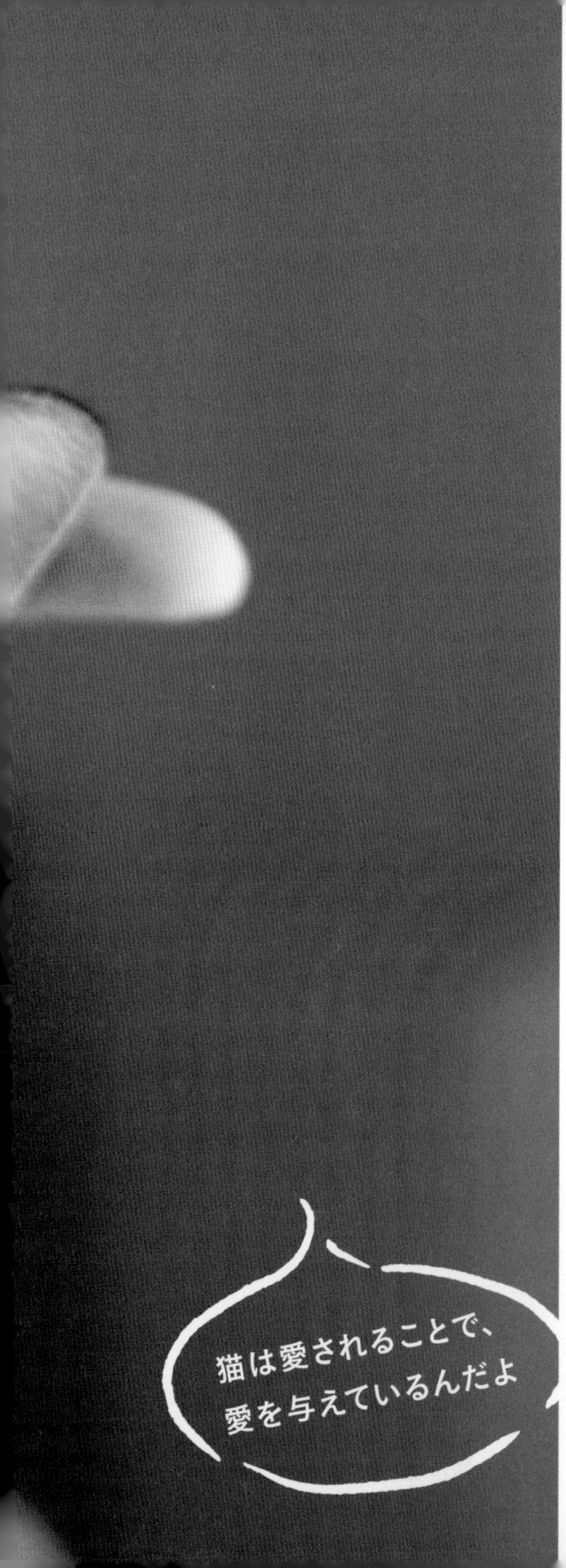

あとがき

個人が現在の苦しさから脱する方法は一つ。開く、ことです。開く、ことにはさまざまな様態があります。心を開く、いっさいを認める、嘘をつかない、自分自身に戻る、恐れない、心配しない、こだわらない、等々が開くことです。

ところが、ほとんどの人は開くことをしていないのです。それどころか、ずっと緊張した状態のままで毎日のように武装と競争を続けています。つまり、戦っているわけです。彼らがなぜ戦うかというと、戦わないとこの社会の中で生きていけないと思っているからです。どうしてそう思うかというと、教育と経験の過程でそのように教えられてきているからです。

そのようことを誰が教えているかというと、親や兄弟、知人、教師、上司、法律や制度、政治、マスメディアを含めた「世間」です。それらは、他人より抜んでること、しのぐこと、順位の上のほうに立つことを価値の上位に置いています。どういう場合でも戦いに勝つことに価値があるとされるため、多くの人たちはスポーツやゲームなどで勝ち上がる選手やチームを応援してやまないという傾向が見られます。いわば、他人のそのつどの勝利に自分を投影させるという「屈折」がそこに見られるわけです。

金持ちになろうと努力するのも戦いの一種です。金持ちを目指すことは「経済的に豊かになる」ことだとされていますが、この価値観はでたらめです。なぜならば、金持ちになるということは少数の場所に金銭を滞留させていることであり、その状態の維持は他の場所へ金銭が流れるのを阻止することになり、社会経済をかえって血栓があるような状態にするからです。そもそも、「経済的に豊か」という表現が誤っているのです。豊かさとは、経済的裏づけに支えられた物の量のことを意味しているだけではないからです。

しかし、なぜ物質的な豊かさが価値あるものとされているのか。自分の病的な強欲と権勢欲が真の存在価値だと思いこみたくて仕方がない人々が、その奇妙な価値観をあたかもまともなものであるかのように拡散しているからです。ただし、思想としてふりまくのではなく、わずかばかりの便利さや新しさなどを彼らの商品にまとわりつかせ、宣伝によって本来の利用価値の数倍、あるいは数十倍以上の価格にして売りつけることで、結果的に自分の周囲に金銭を流れこませ、おのれの権勢欲と強欲を満たすように仕組んでいるのです。そういう商品を買った消費者は同時に彼らの価値観をも買って信じてしまうことになります。これが現代の資本主義経済の本当の顔であり、その特徴はあらゆる商品やサービスに価値観や思想が貼りついているということなのです。

就職において学歴や家柄、血統といった属性が重要なものとされるのは、このような戦いに勝ち、「出世」していくためです。これもまた、商人たちが固めた経済システムに仕える従順な兵士としてがんじがらめにされることでしかありません。経済人が好んで、戦略、戦い、武器、ロジスティクスといった戦争用語を使うのはその行為の本質を表しているのです。そのようなシステム内での戦いを個人がいつまで続けても、いっときの見せかけの勝利しか得ることができませんし、戦いの苦しみはずっと続くことになり、圧迫感をともなった苦しみは解消されていきません。

そういった苦しみの圏界から脱する方法としてわたしたちが今すぐにでもできることが、開くことなのです。開くことの一つ、嘘をつかないことを実践するだけで多くのことがすぐさま変わっていきます。嘘をつかないというだけで、わだかまりがなくなり、周囲の人々と穏やかに暮らせるようになり、心が安らかでいる時間が多くなるものです。

この方法は古代から宗教が教えてきたものなのですが、経済を価値とする社会の影響を受けて宗教は俗化して共同体のアクセサリーのようなものに堕し、宗教表現の寓意《ぐうい》の真意が現実に有効なものとみなされなくなってきたのです。

それでもなお、わたしたちに生の本当の姿を教えてくれる存在が近くにいます。それは犬、猫、馬などの動物、そして自然のありようです。それらはいつも開いていて、妙な価値観を持たず、いつもそのままです。わたしたちが身近な動物や自然に「癒し」を覚えるのは、かれらが開いてわたしたちに接してくれるからなのです。そこには、わたしたちに本来の生のありようを言葉ではないもので教える真実があるのです。

その一端でも本書から汲みとっていただきたいと願うばかりです。

２０２３年２月　　白取春彦

参考文献

アウレリウス『自省録』
アラン『幸福論』
アラン『定義集』
アリストテレス『ニコマコス倫理学』
ヴィトゲンシュタイン『哲学宗教日記』
ヴィトゲンシュタイン『哲学的文法Ⅰ』
ヴィトゲンシュタイン『反哲学的断章』
エックハルト『神の慰めの書』
エピクテトス『語録』
エピクテトス『要録』
エピクロス『教説と手紙』
オルテガ『大衆の反逆』
ゲーテ『文学論』
ゲーテ『箴言と省察』
ショーペンハウアー『意志と表象としての世界』
ショーペンハウアー『存在と苦悩』
デ・メロ『沈黙の泉』
デ・メロ『東も西も・無について』
デューイ『カントと哲学の方法』
トルストイ『戦争と平和』
ニーチェ『悦ばしき知識』
ニーチェ『曙光』
ニーチェ『人間的、あまりに人間的』
パスカル『パンセ』
ヒューム『人性論』
ブーバー『我と汝』
フランクル『苦悩の存在論』
フランクル『死と愛』
ブルデュー『ディスタンクシオン』
フロム『生きるということ』
ヘッセ『ガラス玉遊戯』
ヘッセ『シッダールタ』
ヘッセ『ヘルマン・ヘッセ書簡全集』
ボーヴォワール『第二の性』
ボナール『友情論』
ポラニー『暗黙知』
マルセル『人間、この問われるもの』
マンデヴィル『蜂の寓話』
ミル『自由論』
ライル『思考について』
ラッセル『幸福論』
ラッセル『怠惰への讃歌』
無門慧開編『無門関』

写真出典

Getty Image：カバー (Remy Frints), p.8-9 (Catherine Falls Commercial), p.10-11 (Kseniya Ovchinnikova), p.12-13 (Viola Tavazzani Photography), p.14 (Peter Dazeley), p.16-17 (Marser), p.18-19 (Jena Ardell), p.20-21 (Catherine Falls Commercial), p.25 (Brittany Sims / EyeEm), p.26 (Akimasa Harada), p.28-29 (MarioGuti), p.30-31 (Bruno AzuLay), p.32 (Crispin la valiente), p.36-37 (Xiuxia Huang), p.38-39 (AlexSava), p.40 (Jena Ardell), p.47 (Westend61), p.48 (Lynn Wen), p.52-53 (Ekaterina Fedulyeva / EyeEm), p.59 (by diagonal), p.61 (Akimasa Harada), p.64 (Jecapix), p.66 (lisegagne), p.69 (Melissa Ross), p.70 (Akimasa Harada), p.72-73 (Jean-François Monnot / EyeEm), p.74 (Sophie Bassouls), p.76 (Alexander Sorokopud), p.79 (Catherine Falls Commercial), p.81 (wolna_ tworczosc / 500px), p.87 (Boris SV), p.88 (Sebastian Jensen-Visser / EyeEm), p.90 (Akimasa Harada), p.92 (Ricardo's snapshot), p.99 (Kilito Chan), p.100-101 (GlobalP), p.102 (Hulton Archive), p.104-105 (Peter Zelei Images), p.108 (Westend61), p.118 (Popperfoto), p.127 (LisaValder), p.131 (Matej Kastelic / EyeEm), p.134-135 (Martin Deja), p.137 (Ana Rocio Garcia Franco)

PIXTA：p.22-23（おまさ）, p.42-43 (Ryolemon), p.44 (pteryx28), p51 (hananose), p.56 (Cyrena111), p.62-63 (SA555ND), p.82-83 (Svetlana Rey), p.85 (masajla), p.94-95 (Santorines), p.97 (Esteveg), p.106 (Radowitz), p.111 (wanya), p.112-113 (wind of May), p.114 (Anesthesia), p.120-121 (akz), p.123 (FamVeld), p.125（らい）, p.128 (Okssi68), p.132-133 (maron)

その他：p.74 (Martin Hesse/Keystone SDA),p.116（つきのさばく / photolibrary)

白取春彦

青森市生まれ。ベルリン自由大学で哲学・宗教・文学を学ぶ。既成概念にとらわれない、哲学と宗教に関する解説書の明快さには定評がある。主な著書に『超訳 ニーチェの言葉』『頭がよくなる思考術』（ディスカヴァー）、『はじめて知る仏教』（講談社）、『この一冊で「聖書」がわかる！』『超要約　哲学書100冊から世界が見える！』（三笠書房）など多数。自宅にて18匹の猫と暮らす。

超訳
猫が教えてくれた
明日を生きる勇気の言葉

2023年4月15日　初版第1刷発行

編　訳　白取春彦
発行人　川崎深雪
発行所　株式会社山と溪谷社
〒101-0051
東京都千代田区神田神保町1丁目105番地
https://www.yamakei.co.jp/

編集＝岡山泰史・池田菜津美
デザイン＝美柑和俊＋MIKAN-DESIGN

●乱丁・落丁、及び内容に関するお問合せ先
山と溪谷社自動応答サービス　電話　03-6744-1900
受付時間／11:00〜16:00(土日、祝日を除く)
メールもご利用ください。
【乱丁・落丁】service@yamakei.co.jp
【内容】info@yamakei.co.jp
●書店・取次様からのご注文先　山と溪谷社受注センター
電話048-458-3455　ファックス048-421-0513
●書店・取次様からのご注文以外のお問合せ先
eigyo@yamakei.co.jp

印刷・製本　株式会社光邦

ISBN978-4-635-23014-8